MARSEILLE

AU 25 JUIN 1815.

Réponse à l'écrit intitulé :

MARSEILLE, NISMES

ET SES ENVIRONS.

MARSEILLE

AU 25 JUIN 1815.

Réponse à l'écrit intitulé :

MARSEILLE, NISMES

ET SES ENVIRONS.

Primitiæ juvenum miseræ !
Æneid. l. 2. v. 156.

MARSEILLE,
DE L'IMPRIMERIE D'ANTOINE RICARD,
IMPRIMEUR DU ROI ET DE LA PRÉFECTURE.
1818.

Les exemplaires voulus par la loi ont été déposés au Secrétariat général de la préfecture des Bouches-du-Rhône.

PRÉFACE.

L'auteur de la brochure intitulée : *Marseille, Nîmes et ses environs*, n'a pas jugé à propos d'y mettre son nom. Je me permets de blâmer son ouvrage, et je ne mets point mon nom à ma réponse. C'est une observation qui n'échappera pas à bien des gens. Mais qu'on remarque que la brochure que je critique, est une attaque en forme contre les Marseillais, et qu'à ce titre, elle devait être signée. La défense, au contraire, ne m'oblige point à me faire connaître, parce qu'elle ne peut être injurieuse pour personne. Je n'attaque ni l'honneur, ni les opinions du jeune écrivain : je lui dis qu'il a mal vu les choses, parce que je le pense. Si le désir d'écrire encore le reprend, qu'il donne plus de développement à son ouvrage, qu'il précise les faits; et surtout s'il le signe, je pourrai lui répondre, et je me ferai connaître.

MARSEILLE

AU 25 JUIN 1815.

Réponse à l'Ecrit intitulé :

MARSEILLE, NISMES ET SES ENVIRONS.

Une brochure de trois feuilles d'impression arrive de Paris ; elle porte à son titre le nom de Marseille ; elle rappelle les derniers jours de l'usurpation de 1815 : elle est aussitôt vendue qu'arrivée : on se l'arrache, pour ainsi dire ; curiosité imprudente ! L'auteur n'a peint la lutte cruelle des opprimés et des oppresseurs, le moment terrible, mais imprévu, de la vengeance, qu'avec les couleurs de l'animosité et de la haine. Après plus de deux années ! quel a donc été son but ? de calomnier Marseille ? Hé depuis vingt ans ne l'at-on pas assez calomniée ? Viendra-t-on sans cesse nous reprocher que nous ne supportions qu'avec impatience toute sorte d'esclavage ; et prétend-on assigner les limites où doit s'arrêter la fureur du peuple déchaîné !

Ce que Marseille a fait dans cette grande circonstance, elle n'a point à en rougir; car ce n'est pas Marseille qu'on peut accuser de la mort des innocens, s'il en périt alors. Elle désavoue hautement les crimes qui purent être commis sous le manteau du royalisme. Elle ne retient pour elle que la gloire d'avoir lutté contre la tyrannie, et d'avoir repoussé les oppresseurs hors de ses murs. L'émule d'Athènes aurait-elle souillé son antique gloire par d'horribles assassinats !

J'ai lu cette brochure déjà rare : faible de style, mal conçue, sans but apparent et que l'auteur puisse avouer, elle ne se recommande que par son titre. Ce titre éveille la curiosité. On s'attend au récit impartial des évènemens dont Marseille fut le théâtre en 1815 ; on croit trouver à côté du tableau des vengeances populaires, si l'auteur est assez imprudent pour en parler, le tableau d'un peuple courant à la poursuite de l'usurpateur dans les montagnes de l'Isère, se précipitant dans les plaines de la Drôme pour arrêter les phalanges tricolores, supportant avec constance ses revers et les insultes de ses vainqueurs ; enfin, et lorsque l'heure du salut a sonné, ce même peuple attaquant sans hésiter ses nombreux ennemis, et protégeant en même temps le fonctionnaire public qui n'avait point partagé leurs fureurs. On s'attend surtout à lire que deux jours après, et quoiqu'il n'y eût pas un seul homme de troupes royales dans la ville, le plus grand calme régnait, l'ordre était rétabli partout et n'a plus été troublé depuis. Voilà ce que l'amour de la vérité devait faire dire à l'auteur. Voilà ce qu'il n'a point dit, parce que, sans doute, il veut déconsidérer Marseille dans l'opinion de la France.

Au lieu de ces choses, l'auteur entreprend de nous raconter ce qu'il a vu, *quæque ipse vidit*. Qu'a-t-il donc vu de ce qui nous intéresse, que nous n'ayons vu comme lui ?

Le dimanche 25 juin 1815, on reçoit à Marseille la nouvelle de la bataille de Waterloo. Le port présentait l'aspect de la mort depuis que le héros du Champ-de-Mai avait touché le territoire français. Waterloo le précipitait du trône : devions-nous nous en affliger ? Le Roi n'était-il pas avec les vainqueurs de Napoléon, et ne devions-nous pas espérer que les traités seraient les mêmes alors qu'en 1814 ? Nous nous félicitâmes donc de cette défaite, et cependant, en arborant le drapeau de la concorde, beaucoup pleuraient la mort des braves. Mais notre joie ne devait pas être tranquille. Les militaires, indignés de voir partout le signe de ce qu'ils appelaient la révolte, se précipitent sur le peuple : on les accueille aux cris de *Vive le*

Roi ! leur fureur redouble. La garde nationale n'est point là pour les contenir ; ils frappent, les insensés ! Un peuple immense les repousse : le sang coule et demande du sang ! Qui retiendra désormais la vengeance ? On se précipite sur les militaires réunis ou séparés ; on les attaque ; on les perce. Vainement la garde nationale, assemblée à la hâte, les protège partout où elle les rencontre ; elle ne les sauva pas tous !....

C'était un dimanche. Les habitans aisés, les gardes nationaux étaient pour la plupart à la campagne ; les militaires eux-mêmes peuplaient les guinguettes des villages circonvoisins.

A la nouvelle de la délivrance, répandue en un instant, les habitans des campagnes, libres de leurs travaux, accoururent à la ville pour s'assurer de la vérité et s'unir à la joie commune ; un grand nombre se décora de la cocarde blanche. Au même bruit, les militaires, en cocarde tricolore, accoururent vers la ville. Fiers de leurs armes et de l'empire qu'ils exerçaient depuis trois mois, ceux-ci voulurent faire quitter aux paysans la cocarde qu'ils portaient ; des menaces ils en vinrent aux coups : quelquefois même, dans ce moment d'effervescence, ils ne furent pas les premiers à frapper. Le nombres les accabla....ils périrent.

Qui, maintenant, osera soutenir que les Marseillais furent les agresseurs ? Qui prétendra que la fureur d'un peuple que le désespoir excitait à la vengeance, lui puisse être imputée à crime? Ne sait-on pas que les agitateurs, et il y en avait à Marseille, se couvrent des noms les plus respectables pour multiplier les excès et en venir à leurs fins? Et si, au milieu du tumulte des passions, la voix des magistrats ne peut se faire entendre, qui sera assez hardi pour oser, sans mandat, leur demander compte de leur conduite et des désordres de deux journées?

Mais ces désordres même, nous l'avons dit, ils furent plus d'une fois amenés par de cruelles agressions. Faudra-t-il citer des faits à l'auteur de la brochure? Faudra-t-il lui rappeler que la garde nationale lutta souvent, avec une invincible constance, contre la populace, lorsqu'elle protégeait la retraite des officiers à la demi-solde? Faudra-t-il lui rappeler, ce qu'un Français gémit d'écrire, que ces mêmes officiers furent accusés d'avoir tiré, du haut de la citadelle, sur les gardes nationaux qui les y avaient conduits au péril de leur vie? Ce fait, que vingt mille bouches répétèrent, qu'il soit vrai ou inventé par une horrible perfidie, fut recueilli par la foule crédule; il circula avec une étrange rapidité et vint activer le carnage. L'auteur de la brochure veut-il rendre toute une ville responsable des maux causés par cette erreur, si c'en est une ? Et ne devrait-il pas plutôt plaindre, qu'attaquer les Marseillais, si par malheur on les a trompés.

Veut-il aussi nous rendre responsables de l'hésitation du général V......, qui n'eut la force ni de soutenir son parti, ni de proclamer le triomphe de la cause du Roi ? Il blâme ce général d'avoir eu *l'imprudence* (1) d'abandonner à la multitude un buste de Napoléon : plût-à-Dieu qu'il eût borné là ses fautes ! S'il avait osé annoncer lui-même le retour de Louis XVIII, la colère du peuple, moins irritée, se serait bornée, comme à la première restauration, à la destruction des trophées de Napoléon.

Mais le but de l'auteur n'est pas d'excuser l'erreur en louant le courage. Il sait bien que les excès signalèrent de tout temps les réactions soudaines. Il sait bien que, lorsque l'indignation et l'oppression sont à leur comble, la vengeance ne se mesure plus d'après les lois de la raison. Il sait que l'homme qu'on insulte en face, s'il tue son adversaire dans la spontanéité de la colère, est excusable aux yeux de la loi. Il se souvient que les armées républicaines de la Vendée, ainsi que celles des vendéens se portèrent à de grandes fureurs, et qu'on les impute moins aux hommes

---

(1) Page 17 de la brochure.

qu'aux circonstances des temps. Il sait que Lyon, illustre par sa résistance au règne de la terreur, ne fut point exempt de souillure, et que Paris, ce séjour des passions douces, a vu les massacres de septembre et le forfait du 31 mai. On a raconté ces crimes, dont on aurait dû couvrir la mémoire d'un triple oubli : qu'en est-il résulté ? Les passions se sont de nouveau déchaînées, et la seconde restauration a vu devant elle les mêmes partis qui furent debout sous le directoire. Oh ! qu'un triste silence sur ces journées de deuil eût fait plus d'honneur à la nation ! Quels reproches n'ont point à se faire les hommes qui appelèrent les regards de l'Europe sur ces souillures de notre histoire ? Quels regrets ne devrait pas inspirer à l'auteur de *Marseille et Nîmes* la crainte de montrer nos fautes à des étrangers que nos victoires humilient, et qui sont avides de nous trouver méprisables. Combien ne se repentirait-il point, s'il y pensait bien, d'avoir incriminé toute une ville pour satisfaire à son amour-propre, et dans l'espoir de se faire un nom. Est-ce quand le Roi lui-même ne s'est souvenu que de notre fidélité à cette époque, qu'un obscur écrivain peut nous insulter à la face de l'Europe ? Est-ce sous de pareils auspices qu'il aspire à se créer une réputation ? Sans doute il est beau de rendre hommage à la vérité, mais il ne faut ni l'exagérer en faveur d'une opinion, ni la passer sous silence en faveur d'une autre. Quiconque n'est pas fermement résolu de demeurer impassible, doit repousser loin de lui la tentation de raconter l'histoire des troubles politiques de son pays.

Qu'importe que pour rendre son récit moins hideux et plus vraisemblable, l'auteur lui ait donné une forme dramatique; ce n'est point l'intérêt de ses malheurs particuliers qui appelle en foule les lecteurs, c'est le souvenir de nos dissentions. A cette lecture, l'*ultrà*-royaliste éclate en transports d'indignation; le bonapartiste, s'il en est encore, sent son cœur ulcéré saigner de nouveau; le constitutionnel gémit à la fois de l'erreur et de l'imprudence qui la rappelle malgré les lois : mais personne, j'en suis sûr, personne ne s'occupe de l'auteur, de son épouse, de leurs craintes, de leur fuite et de leur salut.

Quels sentimens n'éprouverait-on pas, si l'on savait qu'il était inconnu à Marseille; que sa fuite n'a été occasionnée que par une terreur comparable à celle du lièvre de la fable; et que ses *bourreaux* (1) ne lui ont pas fait une menace, *une égratignure*? S'il se nommait, on serait surpris de l'obscurité qui a couvert son existence à Marseille.

_____

(1) Page 29 de la brochure.

Il se fait une égide du nom respectable du premier magistrat du département à cette époque ; il veut insinuer que l'amitié de M. le Préfet fut pour lui un titre de proscription. Que veut dire cela ? La garde nationale en corps et la population entière de Marseille reconduisirent M. le comte F...... hors des murs et du territoire de la ville avec tous les témoignages du respect et de la reconnaissance ; et ceux que ce fonctionnaire honorait de son amitié auraient été persécutés *à cause* de lui *à* Marseille ? Cette allégation n'est pas même vraisemblable.

L'auteur essaie encore de se rendre important en racontant ses visites au maréchal Brune, parce que cet homme a joué un grand rôle dans l'usurpation de 1815, et qu'il est mort victime de la fureur du peuple d'Avignon. En exaltant la valeur et les vertus de ce général, il devait se rappeler qu'on ne peut pas punir une ville entière de la mort d'un homme. S'il a des regrets, il doit les garder pour lui, et craindre de rallumer les passions amorties.

En lisant cette brochure incolore et pourtant envenimée, on se demande s'il n'y a que les royalistes qui ne soient pas amnistiés ? Lorsque le Roi ordonne d'oublier les fureurs du parti populaire, est-il donc permis de rappeler les erreurs de tout autre parti ? Non, sans doute ; et il est moins encore permis d'attaquer les individus sans se nommer. Pour n'être point connu, l'auteur a pris le bizarre détour de signer les seuls exemplaires qu'il a déposés au ministère de la police générale. Ainsi il a satisfait à la loi, et a pu attaquer vingt individus qui, n'étant pas assez désignés pour relever le gant et lui répondre, le sont assez cependant pour que chacun leur dise : *C'est de vous qu'il a voulu parler.* Par ce moyen le mal est fait et il devient irréparable. On est à peu près nommément désigné, et, en même temps, on est compris dans une généralité vague et tellement injurieuse, qu'elle a presque les caractères de la calomnie.

Ces imputations sont d'autant plus cruelles, que l'auteur semble dire, à la fin de sa brochure, qu'il est spécialement protégé par un des ministres de Sa Majesté. Un ministre peut sourire au talent naissant et l'encourager ; mais un ministre de Louis XVIII ne saurait souffrir qu'on réveille des souvenirs que tout doit faire oublier !

Oui, c'est l'oubli, l'entier oubli du passé qu'il faut prêcher. Ne réveillons plus ceux qui dorment dans la tombe : que nous servirait d'aller remuer leurs ossemens ? Craignons qu'ils ne deviennent dans nos mains les brandons de la discorde. Tous nous aurions dans nos familles des mânes plaintifs à appaiser. Les excès furent de tous les partis; l'oubli doit être de tous.

CONCLUSION.

L'auteur, par sa conclusion, a prouvé qu'il n'avait point de but qu'il pût avouer. Je vais conclure à mon tour : je me flatte qu'on verra mon but.

Lorsqu'une brochure nouvelle arrive, chargée d'un titre pompeux ou piquant, avant que de la parcourir et d'y puiser des impressions favorables à telle ou telle opinion, informons-nous du nom de l'auteur.

Si elle n'en porte point, lisons-là avec défiance. Celui qui ne se nomme point, craint toujours qu'on ne l'accuse d'erreur ou de mauvaise foi. Si elle porte un nom obscur, oublions-la. Oublions-la encore, si elle ne contient que les opinions extravagantes d'un de ces hommes extrêmes dans tous les partis, ou d'un de ces lâches qui ont écrit en faveur de tous les gouvernemens. Mais si en tête de cet écrit se trouve le nom d'un homme recommandable par ses lumières ou par son caractère, lisons, lisons avec avidité. Songeons que l'éducation constitutionnelle de la France n'est point achevée, que le bienfait de la charte ne saurait être trop senti. Si nous y trouvons des faits racontés avec calme, discutés avec dignité, applaudissons aux nobles intentions de l'écrivain ; écoutons les sages avis qu'il nous donne sur le perfectionnement de nos institutions politiques et sur l'oubli des actes violens de tous les partis.

Là nous puiserons les principes de l'union recommandée aux Français par le Monarque ; là nous apprendrons à faire taire nos passions devant l'intérêt général et la volonté constitutionnelle du Roi.

Mais surtout ne confondons jamais les productions du sage écrivain avec celles de l'obscur folliculaire. Qu'une brochure, telle que celle intitulée *Marseille et Nîmes*, ne réveille pas parmi des concitoyens les méfiances que le prince a su éteindre. Que tous se réunissent pour repousser la coupe empoisonnée ; mais qu'ils la repoussent froidement et sans passion. Qu'ils n'oublient pas que la haute sagesse du Roi et de ses ministres veille pour punir les perturbateurs de l'ordre public, s'ils devenaient dangereux.

Que l'auteur de la brochure ne prenne pas cette dernière phrase pour lui ; qu'il ne se range pas fièrement parmi ceux qui s'énorgueillissent de ce qu'ils appellent la persécution : son mérite n'est point assez grand pour qu'il devienne dangereux. Marseille l'ignorait avant son écrit, et ne le connaît pas davantage depuis. S'il y était demeuré au lieu de s'enfuir, il eût jouit toujours de cette profonde obscurité d'où il s'efforce de sortir aujourd'hui. Mais puisqu'il lui a plu d'échanger la lyre, qu'il touchait autrefois, pour le burin de l'histoire, qu'il ne s'étonne pas qu'on lui réponde.

Je l'ai fait brièvement ; je crois l'avoir fait sans passion. Si dans cet écrit rapide, où j'ai cherché à rétablir des faits qui m'ont paru altérés, j'ai blessé la vérité ou la raison, je désavoue ces passages ; mais je ne désavoue pas ce que j'ai dit de l'auteur de *Marseille et Nîmes*. Je pourrais en dire beaucoup encore : il a mis tous les Marseillais en droit de le faire. Cependant je veux lui donner une preuve de ma modération : je ne l'injurierai pas ; je ne mettrai pas même dans ma réponse l'initiale de son nom. Il verra, par là, que si je parle d'oubli, je sais prêcher d'exemple ; et mes compatriotes m'applaudiront de n'avoir pas promené leur souvenir sur d'affligeans tableaux, ni soulevé leur indignation contre l'imprudent ennemi qui ose les attaquer en masse.